숨길

숨길

조선희 시집

한그루

시인의 말

여명이
시간의 틈새를 열고 들어온다
빛의 한 자락을 잡아당겨 가슴속에 담는다
가슴속을 채운 빛이
온갖 상념들을 들추어낸다

갑자기 쏟아지는 소나기처럼
뿜어져 나오는 삶의 흔적들은
숨을 쉴 수 있는 출구요
내 아픔을 달래는 손길이었다

긴 이야기들이 시가 되었다

                                            이천이십오년 시월

                                                    조선희

차례

1부

눌어붙은
고등어

13　마음 배달

14　부부

16　보늬밤

17　노천탕

18　눌어붙은 고등어

20　꽃

22　틀니의 속울음

24　행복통장

25　오! 세탁기의 위대함이여

26　엄마는 마법사

28　인생

29　홍시

30　밤티라미수

32　걸어 놓지 못한 사진

33　신장이식

2부

시간 속을

달리는 기차

37 수지침

38 손가락으로 생을 파다

40 문신

41 상심

42 소생을 기원하다

44 신발

46 바람가시

48 소통

50 공황장애

52 가슴의 족쇄

54 희망

56 새벽, 진료를 가다

58 시간 속을 달리는 기차

60 병, 팔러 간다

61 존재론적 고민

3부 65 전자 모기채

염색하는 66 따라비오름의 노래

여자 68 찰나

  70 이유를 묻지 마세요

  72 헤드뱅뱅

  73 시집과 손톱

  74 어플리케이션 숨기기

  76 염색하는 여자

  78 시가, 속삭였다

  80 크크크치킨

  81 소쇄원

  82 하루살이

  84 너도 쌌니, 나도 쌌어

  86 순대콩엿

  88 짝, 맞추기

4부

술잔 속의
하울링

91 손끝에서 피어나는 언어

92 풍선 담기

93 11인의 전사

94 술잔 속의 하울링

96 몽돌해변

97 자전거와 노인

98 소녀와 강아지

100 탑골공원

101 바다, 목걸이

102 타로카페

104 숨골에 심장이 있는 여자

106 예래 선사

108 일러스트 원화전

110 더듬이

112 해지게 카페에서

해설 115 빗줄기 같은 삶의 선율

_ 양전형 (시인)

1부

눌어붙은 고등어

마음 배달

함께 있지 못해도
품으며 손잡지 못해도
마음은 배달이 된다

어느 날 배달된 작은 선물
딸이 만든 바스크치즈

부재중인 나를 위해 조심스레 넣어둔
냉장고 한 켠에 보관된 마음

담긴 사랑
한 조각씩 입에 넣으며
내가 누구인지를 알아낸다

부부

아버지의 앞니가 빠졌다
어머니를 마주 앉혀 놓으시고
자꾸 장난을 치신다

혓바닥을 빠진 이 사이로 디밀어 내미는 모습이
익살스러운 광대
고개를 갸웃하시던 어머니
함박만 하게 웃으신다

치매로 헤매이던 어머니를 찾아온 후
어머니의 공허 속으로
아버지가 늘 들어가신다
어머니는 아랫니가 빠져
틀니로 채우셨는데
아버지는 아직도 혀로 채우신다

어머니는 그걸 자꾸 바라보며

뭔가 채워진 듯 슬며시 웃으신다

부부는

빈 곳을 채워줘야 하는가 보다

보늬밤

실시간 연속 방송이다

단단한 밤껍질을 까고 있는 중입니다

다음은 부드러운 속껍질을 벗기고 있는데 힘듭니다

손톱 속으로 들어오려는 속껍질을 밀쳐내며

고군분투 중

알밤 속에 손맛이 잔뜩 배어 짭조름할 것 같은 보늬밤

설탕과 포도주를 넣어 배이도록 조리는 과정

인간의 성숙미 같다나

진한 눈빛으로 긴 시간 달구었더니

혀에 감기는 맛이 되었다

노천탕

발가벗고 유영하는 이곳은
어머니의 자궁

부드러운 물결이 양수처럼 내 영혼을 어루만지고
햇살 한 줌 그리움과 안식을 담아낸다

시간의 흐름을 잇는다
근원에서 흘러내리는 생명의 기원
우주와 어머니의 품을 잇는 연결고리

바람을 안고
바람에 묻어오는 이야기를 삼킨다

눌어붙은 고등어

어머님 말씀 가슴속으로 들어온다

등 푸른 생선 많이 먹어야 한다며
거친 손 놀려 담아주신 고등어

마음 한 자락 담아
냄비에 저며 놓는다

바다 속에 살다
지금은 냄비 속에 담겨 있는 고등어

어머님 또한 푸른 바다 속
유영하며 살고 싶지 않으셨을까

고운 꿈 접어 놓고
남편과 자식들의 울타리가 되셨겠지

한눈파는 사이

냄비 속 고등어

타, 버렸다

집 안 가득 퍼지는 냄새에

숟가락도 입을 다물어 버린다

꽃

단풍이 한창인데
꽃놀이 나선 어머니의 머리에
하얀 입김이 서린다

꽃 한 송이 꺾고
숙여진 허리 펴 본다
주름진 얼굴에 고운 자태
신발 속에 무에 그리 들었나
한쪽 발을 절름거린다

지팡이 된 팔뚝은
어깨마저 내려앉고
한쪽 다리에
삶이 실려 아픈 게 안타깝지만

기억의 바다를 건너며

어머니 눈높이에 꽃이 들린 순간

아, 그 일직선 상에 함께 핀 꽃 두 송이

틀니의 속울음

햇살 가득 담아 향내 차 물오른
달큰하게 익은 복숭아를 품고
온몸 온통 도화향으로
친정집엘 간다

얼굴 가득 미소 짓고
문을 열어 본 풍경
이른 저녁을 드시는가 보다

아버지의 손이
어머님 허연 머리 귀밑으로
쟁여 놓고
젓가락으로
어머님 숟가락에
두부조림 얹으신다

치매가 있으신 어머니는

밥과 국만 친근하신가 보다

음식을 씹으며 딸가닥딸가닥 소리

삼켜지지 않은 속울음이

이 사이에 걸린 모양이다

행복통장

이름 없는 하루들이 쌓여
내 삶 속에 자리 잡은 작은 우주

행복을 이루는 조각들이
그녀의 통장에 차곡히 쌓이고 있다

어머니의 사랑
빈 병의 소망
아이들의 꿈들이 모여
나를 웃게 한다

빈칸들이 채워질수록
그림자처럼 따라오는 기대

작은 불빛이 되어 나를 위로하고
내딛는 걸음에 힘이 실린다

오! 세탁기의 위대함이여

작은 손이 눈물과 땀으로 얼룩지던 시절
힘겹게 옷감을 잡고 물에 적셔가며
세상의 무게를 견뎌내던 날

차가운 물이 손끝을 적시고
작은 힘으로 세상을 떠받치던
고단하던 시절

수많은 시간
손 끝에 남았던 순간들을 너는 대신했네

세탁기의 부드러운 움직임에 녹아들고
잃어버린 시간을
돌려주는 듯 돌아가고 있네

엄마는 마법사

빛바랜 진주반지를 끼고
베르사유 장미가 수놓아진 지갑을 꺼낸다
떨리는 손가락을 넣어
두 번 접어놓은 지폐를 만지작거린다
차비 주신다며 꺼내 주신 천원 지폐가
만원으로 변신한다
만원으로 바뀐 순간
다시는 천원으로 돌아가지 못한다
꽤 큰 액수의 돈을 용돈으로 주신 어머니
만족스런 웃음이 입꼬리에 달렸다

울컥 치받치는 목울음
거죽 같은 손등만 닳도록 만져 본다

젖은 울음 감추며 나서는데

나,

차비 주어냐

하신다

인생

밥상을 앞에 놓고
귀밑머리 허연 아내가 말한다
영감, 노래 한 곡 불러 주쇼
머리에 하얀 서리 앉은 남편이
주름살 깊은 아내를 보며
그러게, 죽으면 못 들으니께

남편이 노래한다
하나밖에 없는 그대를 보며
이 세상을 떠나도
영원한 등불로 남는 인생이려오
애절한 트롯곡이다

주먹손 마이크를 쥔
약손가락 상처에 감긴 노란 대일밴드
신혼의 반지보다 더 빛난다

홍시

가을로 접어드는 길목
그대는
가지 끝에 가을향을 듬뿍 묻힌
감가지를 들고 왔지

나에게 건네며 눈빛은
간절함이 담겨 있었어
가을을 투박하게 안고 와
속내음 전하던 그대

가을 닮은 항아리에
감가지 꽂아 놓고 볼 때마다
내 안에 매달려 있는 그대
진홍빛으로 얼른 물들지

밤티라미수

고기를 먹다가 입술을 씹었어
눈물이 맺혔지

피멍울 들고 얇은 막이 너덜너덜
낫겠거니 했는데
입술 안은 허연 아픔을 드러내고

그즈음 지독한 계절병에 침잠하고 있었어
덧없고 자신 없는 병에 조금씩 어두워져 가는
나를 지켜보며 수렁은 자꾸 깊어지고

밥을 먹을 때 목구멍을 넘어가는 것은
일용할 양식이 아니라
울음이 멍울되어 꾸덕거리며 넘어가곤 했지

휘감아 오는 어리석음에 인간임을 각인시키며

또 다른 블랙홀을 만들어 나를 가두웠어

발자국마다 꾸덕꾸덕

발을 뗄 때면 모래주머니를 단 느낌

그때 밤티라미수가 배달되었어

너덜해진 입 속에 울음과 함께 넣는데

입꼬리가 올라가는 거야

둥근 달이 신선하더라

걸어 놓지 못한 사진

그리움이 가득한 사진
시간이 멈춘 듯한 기억

시간의 무게를 견디며
고생하신 눈빛이 아직도 선명하다

가슴을 채우는 눈물이 멈추지 않아
걸어 놓지 못하는 시간

여전히 한쪽 귀퉁이 뒤로
차가운 뒷면만 보여도
돌려놓지 못하는
나

신장이식

차가운 병실 창가에 앉아
기적을 기다리며 희망의 끈을 놓지 않았다

험난한 과정이지만 내 안에 피어난 기적
몸속에 흐르는 시간은 무거운 무게
단순한 생명의 전달이 아닌
무한한 감사와 함께하는 숙명의 수레바퀴

그의 삶과 희망이 내 몸속으로 흘러 들어온 것
내 영혼에 새겨지고 다른 이의 삶이 내게 깃드는 것

영혼의 징검다리 놓였다
붉은 피 뿜으며 길이 열리고 숨소리 담아 내게 건넨다
너를 건네주고 닫힌 길 손으로 가만 쓸어 본다

2부

시간 속을 달리는 기차

수지침

고슴도치처럼

일백서른세 개

바늘이 꽂힐 때마다

울컥

울음 삼킨

바늘마다 핀

붉은

눈물의 꽃

손가락으로 생을 파다

밀려드는 두려움
집도의가 내 욕망을 가르고 있다

손가락 신경의 놀림으로
날림공사한 내 삶의 찌꺼기들이
뿌리째 잘려 피 흘린다

온몸에서 땀이 쏟아진다
아니 그것은
내 더러운 육신의 출구를 뚫고 나온 눈물이다

손가락에 묻혀 혀 끝에 대어 본다
고뇌도 순수할 수 있구나

기도를 한다

더 진한 고뇌의 길에서

오로지 몸부림칠 준비를 한다

문신

내 몸에 난

십육 센티미터 가는 신작로

자아의 일부이자 삶의 깊은 도상

시간이 흘러도 지워지지 않는 기억의 기록

강렬하고 진실한 아픔이 만든 문양

존재의 의미를 알리는 우주의 비밀

부서지지 않는 증거

사면초가 나에게

숨길을 만들어 주었다

상심

느닷없이 밀려드는 우울증
벽을 비집으며 빛을 타고 들어오는
땀방울의 아우성

공허한 공기가 흐르고 손끝이 떨린다
연습실에선 손짓하는데
발길 동여맨 듯 움직일 줄 모른다

훌쩍 넓어진 공간이 나를 옥죈다
진땀이 차오르는 순간
수초 사이 유영하던 금붕어 세 마리

밀려든 상심이 주는 아득함
기타 소리 선율이
금붕어를 따라 간다

소생을 기원하다

해피트리 나무의 잎이 떨어져 바스라져 있다
이파리를 떨어뜨리며
봐달라고 아우성을 쳤는데도 무심했다

위로 뻗은 가지조차 물기 마른 지 오래
가지의 거칠함이 손가락 끝으로 전해져 온다

투석의 무게와 자유로움의 부재 속에서
목마름과 절망을 함께 견딘 기억을 떠올렸다

뿌리 깊이 묻힌 나무의 간절한 갈망을 느꼈다
그 깊은 곳, 숨죽인 생명의 떨림

목이 타 들어가는 아픔에 물을 주었다
내가 준 물은 생명의 끈을 이어주는 본질적인 힘

절망의 흔적이 남아 있던 자리에
봉오리 같은 싹이 돋아났다

신발

하루가 시작된다

신발을 신으려고 굽어 보니

가지런히 놓여 있던 신발은 제각각

누군가 건드렸나 보다

의도치 않은 바쁜 걸음에

흐트러져 버린 신발

발을 뻗어 끌어 당기려다

제 키에 무리인지 발가락에 쥐가 날 판이다

다른 신발에 의지해 건너가려다 시간을 가늠한다

길을 찾으며 걸었던 신발

옳은 길이라 믿으며 다녔던 동행

쭈뼛거리며 함께했던

누구에 의해 끌려가기도 했던 방황의 시간

침묵의 언어로 날 응시하는

닳아버린 신발 뒤축

바람가시

왼쪽 발이 이상하다
바늘로 찌르는 듯하다 신발도 못 신겠다
발을 내딛을 때
어디서 날아와 박히는지 바늘로 쑤셔댄다
얼른 발을 떼면 사라졌다가

다시 살며시 발을 디뎌보면
이번에도 사정없이
더 많은 무정함으로 찔러댄다
내가 무너진다
바늘은 빠질 줄 모른다

무릎이 분홍빛이다
찾았다 요산이라는 독이다
콩팥이 막혀 가시를 만들었다

기억나지 않는 어린 시절부터

몸 한 부분이 돼버린 바람가시다

소통

뇌가 변비에 걸렸어
가끔 감정의 배출이 원활하지 않아 고통에 몸부림치곤 하지
아픔이 손끝으로 내려와 부서질 것 같지 않은 벽을 긁는 절실함

우울에 약이 뭔지 아니?
그대의 달콤한 입술과 선홍색이 만들어 내는 사랑의 언어야
입술 사이를 비집고 나오는 사탕발림들이 내 귀에 들어오는 순간
바라보는 눈은 안개로 싸여 당신을 백마 탄 기사로 둔갑시켜 주는 거야

막혔던 숨통이 트이며 가쁜 숨이 토해지는 거지
 나의 뇌는 별빛과 오로라로 가득 차 삶을 지탱하는 힘이 생긴걸

 권태와 우울이 감싸던 나의 우주여
 우주선을 타고 별나라로 날아볼까
 중력의 무거움을 벗어 버리고 어깨에 날개를 달아 보자
 뇌에 소통의 회로를 달고 굽이굽이 거닐어 보자

공황장애

갑작스런 어둠이
온몸을 휘감으며 심장을 조여 온다
숨이 막히는 공포

창문을 열고 찬바람을 느껴보지만
나를 잠시 멈추게 할 뿐
나락으로 떨어질 것만 같은 공포

기도가 열리지 않은 듯 여전한 어둠
간절한 염원으로 옅게 올라오고 있는
여명의 빛을 잡아 보려 하지만

손바닥은 진땀으로 젖고
온몸은 무너져 내리려 한다
열려 있으나 닫혀 있는 의식의 공간

육체를 지배하는 무거운 그림자

영혼의 혼돈에서 피어난 허상

두려움이 다시 떠오를 때면

흔들림 속으로 빠지지만

내 마음 깊은 곳을 들여다보며

숨,

을 찾아 나선다

가슴의 족쇄

외출할 때면 가슴을 단단히 받친다
흔들리는 모습이 지나는 이의 눈에 띨세라
여분도 없이 당겨 맨다

숨이 찰 수도 있고
문신처럼 자국이 남을지도 모르는데
꽉꽉 조인다
가슴을 여미지 않으면
놓아버린 정신처럼 바람결에 흔들리니

호흡이 거칠어지는 게
가슴에 족쇄를 채워
숨통을 막아 놓은 것을 몰랐다
바람의 통로를 여유 없이 채워 놓은 우둔함

간헐적으로 눌러대는 압박

아무도 모르게

손을 집어넣어 숨통을 넓혀 본다

다른 이의 눈길만 살피며

내 가슴의 아픔을 위로하지 못했다

지나는 바람에도 베이듯 아플 때야

비로소 가슴 속에 불이 켜진다

희망

지독한 땡볕이 무참히 쏟아지던

코로나가 휩쓸던 그날

작은 무화과 묘목

희망을 담고 심었지

무정하게 꽂아 놓듯 심은 나무는 살고자

뿌리를 땅속으로 내리 박았어

그 작은 묘목은

코로나의 긴 어둠을 지나온

우리들의 꿈과 소망을 품고 있었지

무거운 마음에 물을 주며

바람이 스치고 햇살이 내려앉을 때마다

어둠 속에서도 생명은 피어나고

바람이 지날 때마다 희망으로 채워졌어

삶의 소중한 순간들을 다시 세우기 시작했지

마스크 너머로 숨죽인 세상에도

무화과 나무는 흙을 가르며 햇살을 불러냈어

바람결에 키를 재더니 붉은 열매 맺었지

영근 열매는 무한한 시간의 축소판

우주가 끝없이 흐르듯

끊임없는 재생의 의미

본능적 생명의 노래

새벽, 진료를 가다

짙은 구름 너머로
붉그스름한 빛이 퍼져 날은다

떨쳐 버리지 못한 잠을 흘리며
비행기에 몸을 싣고
창밖 구름을 내려다 본다

구름 사이로 보이는 불빛이
바다에 별처럼
콕,
박혀 있다

여행객들 사이에
박혀 있는 나는
이방인처럼 외롭다

여명에 밀려 드러나는 저 푸른 기운들

솜털처럼 하얀 구름 속에 맑게 스며든다

하늘 위에선 달과 여명이 함께한다

시간 속을 달리는 기차

정시에 출발하는 열차처럼
큼지막하게 요일이 써 있는 객차가 달려 있다

손님은 하루에 먹어야 할 약
나는 약통을 열고 여행을 시작한다

잃어버릴까 두려워 일주일의 시간 속에 담아둔 약
내 몸과 영혼을 연결하는 다리

내 삶의 무게를 견디게 하고
새로운 하루를 다시 맞이하게 만든다
하루의 문을 열 때마다 간절한 마음으로 출발한다

약을 싣고 가는 기차는 시간 속을 달린다
하루가 지날 때마다
밥통 속의 밥이 없어지듯 한 통씩 비어 간다

매일 이어지는 반복

일주일의 시간이 지나면 다시 여행을 준비한다

내 일상의 선로 위를 달리며

시간의 무심함을 받아들인다

병, 팔러 간다

수북하니 병을 쌓아 놓았다
구석에 자리 잡은 병

무더기로 쌓아 놓은 색색의 병들
시간 속에 뿌연 먼지가 앉았다

병,
팔러 간다

존재론적 고민

정서의 기복이 심한 날

깊은 어둠 속에서 빛을 찾으며
나는 나의 존재를 묻는다

생각만으로 이야기가 되지 않을 때
입소리를 내며 가슴으로 느끼자 한다

우주 속 작은 점이지만
무한한 의미를 품고 있는 나

소중한 이유를 찾아서 노래한다

3부

염색하는 여자

전자 모기채

제다이의 광선검을 휘두르며
시작되는 일상

번쩍
가슴을 지나는 짜릿함

나의 존재를 눈치챈 적들의
파상공격 사이로 광선검을 휘두른다

빈뜩이는 살기
나는 내 일상에 중독되어 간다

따라비오름의 노래

바람은 연주자의 숨결이 되고
비는 선율의 한 줄기
시간의 속삭임과 바람의 숨결이 만난다

핏빛 억새는 내면의 술렁임
자연의 숨결과 어우러져
한 편의 서사를 써 내려간다

숨겨진 이야기들은 바람과 함께 흩어지고
내 영혼은 조용히 떠오르는 울림을 만난다

봉긋봉긋 제주의 오름들
고개 들며 합창한다
따라비오름의 노래에
귀 기울이며

간만에

가슴이 촉촉하고 상긋한 날

찰나

설거지를 하고 있지 않았겠소
수돗물이 분수처럼 내리는데
비집어 들어온 무지개가 눈앞에 뿌려졌소

핏빛 선 눈이 개운해지며
머릿속 지끈거림이 사라졌소
무지개가 타고 올라가는

햇살을 쫓아 눈길을 주었더니
온 세상이 빛나고 있었소

당겨진 신경이 울대를 타고 올라오며
가슴속이 치받쳤소

홀가분함이 나를 에워싸

꽃 속에 파묻힌 듯

황홀경이었소

이유를 묻지 마세요

햇빛 찬란한 날 걸어가던 내가
실실 웃어도 묻지 마세요
빛나던 햇살이 얼굴에 닿아 간질이는
감촉에 웃을 수도 있어요

그러다 크게 웃으면 그리운
누군가와 걷던 추억이 어른거려
가슴이 부풀어 올라 터트려야 해서예요

걷다 보면 도저히 곧게 걷지 못할 때가 있죠
낮술에 얼큰했냐고 묻지 마세요
흥에 겨워 아니 노지는 못할 것 같아
갈지자로 걷고 있는 거예요

담장에 기대어 핀 채 건너다 보는
매화가 뿜어내는 향기에 취하고

부끄러운 듯 바람의 운율에 몸을 맡겨

흔들리는 수선화가 어여뻐

정말

아니 아니 노지는 못하겠네요

헤드뱅뱅

태양이 한가운데 걸려 있는 오후
높은 옥타브의 락을 틀어놓고
헤드뱅뱅을 돌려라

몸이 뜨겁게 달아오르고
솟구치는 열정이 폭발한다

머리를 흔들 때마다
머리카락을 타고
삶의 무게가 튕겨져 나간다

한계에 맞서는 초월의 몸부림
절여져 짓눌러졌던 회한이
고독이 입에서 뿜어져 나온다

시집과 손톱

시집을 받들고 큰 소리로 읽는데
받든 손가락 끝에 손톱이 길게 자라 있다

하얀 종이를 누이고 손톱을 자른다
가슴속 옹이가 잘려 나가는 듯

열 손가락의 손톱을 잘랐는데
세어보니 여덟 개

하나는 튕겨져
두 손 받들었던 시집 위에
난도질 당한 채 흐드러져 있고

찾을 수 없는 한 개의 손톱은
어디에서 시를 읽고 있을까

어플리케이션 숨기기

밤새 무심히 흘린 시간들
게임 속 환상에 빠져
쾌락에 잃어버린 시간임을 모른 채
내 망막은 재생되고 또 열고 만다

도와달라는 아바타의 소리에
눈이 벌개진 채
뒤틀린 시간의 흔적

일상의 반복이 만들어 낸 습관의 굴레
후회와 질책이 교차한다

밤새 펼쳐졌던 욕망의 잔상들
허무를 새기고
내 삶의 방향을 다시 설정하는 선택임을

오늘도 어플리케이션을 숨기고

반복의 굴레를 넘어 본다

염색하는 여자

벚꽃의 잔영이 바람에 비벼대고 있는 날
빗살 치듯 칠이 벗겨진 쪽빛 대문을 연다

산중을 헤매다 들어온 곳에 선경이 있는 듯
노랑나비 나풀대며 눈앞에서 현란하다

구석진 곳
어성초가 하얀 꽃을 피워내고
보랏빛의 도라지꽃 색감을 띄우고 있다
소란스런 속세를 벗어난 듯한 풍광에 넋이 호강한다

돌담 안 숨은 곳
별난 남자 들어오다 찔리라고 선인장 가시 세웠나
푸른 잔디 요 삼아 누운 채송화가 지나는 바람을 잡는다

오후 햇살이
작업실 위 색들을 바래게 하고
그녀는
긴 하품을 한다

재봉틀 위엔 작업 하다 만 천들이 흐드러져 피어 있고
가는 손가락 끝은 색색이 물들어 있다

배웅하는 그녀 뒤로
수줍은 수국이 담장 밑을 파랗게 물들인다

시가, 속삭였다

불면의 밤이다
의미와 무의미의 경계에서 헤매는 시간
많은 흔적과 흔들림을 남기듯
잠들지 않는 마음의 소리

시집을 읽는데 왼쪽 귀가 가렵다
아직도 풀어내지 못한 내면의 상처가 올라오는가
삶의 의미를 찾기 위해 떠도는 마음의 파편들

내면의 소리가 귀로 나오나 보다
가려움이 탱탱하니 부어오르기 시작했다

끊을 수 없는 욕구로 마지막 장을 넘기고
귀를 잡아당기며 찬물로 식혔다

돌아와 다시 시집을 펼치니

이번엔 오른쪽 귀가 간질거렸다

크크크치킨

싸락눈이 흩날리는

차가운 저녁

귓불까지 빨개진 얼굴로

찾은 치킨집

메뉴를 고르다

경직된 근육을 풀어 준

크크크치킨

뜨끈 바삭한 그 속

언젠가 함께 했던 사람

포근한 기억

삶을 위로하는 따뜻함

추위로 떨던 입술이

연홍색으로 물든다

소쇄원

맑은 물이 속삭이는 듯
대숲 소리 바람에 실려 마중 나오고

이른 봄을 알리는 개울에는
원앙 한 쌍 유유자적

향기로운 매화 사방으로 나리는데
풍경소리에 끌려 발걸음 옮겨 간다

처마 끝 풍경소리
오래전 선비의
글 읽는 소리로 들려오고

가지마다 꽃봉오리 열리면
뒷짐 지고 서 있는 그에게서
시, 향기 피어나겠네

하루살이

시집을 펼쳐 읽고 있다
수양대군
단종을 유배시켰다는 대목에서
숙주나물 쉰내 나고 있는데
시집 모서리에 하루살이 앉아 기웃거린다

쉰내 맡아 온 것이냐
흘깃 본 내 눈에 같잖게 보여
훅, 한방 입김으로 날려 버렸다

아차,
네가 무에 잘못이더냐
긴 세월 설움에 겨워 깨어나
하루라도 잘 살아보려 했던 게

서러움에 어느 구석을 눈물로 적실 것 같아

구곡간장 가슴을 치는구나

읽던 시집 덮어 놓고

살펴보았지만 간데없고

인생을 읽는다는 시집이 무슨 소용 있더냐

시, 향내라도 맡자 하고 다가온 걸 몰라보고

강풍 날렸으니

시, 속에서 단종도 울었겠다

너도 쌌니, 나도 쌌어

고사리 손 끌어안고

옆집으로 모여드는 오후

한낮의 공기놀이는 달콤하다

코끝으로 스멀스멀 들어오는 유혹

얼른 입속으로 넣고픈 배고픔에 전 절규

한기로 들어온다

꼬물거리며 엿 싸는 소리

정적에서

사그락

훌쩍훌쩍 들리고

가재눈 흘기는 소리

내가 싼 엿이 발 달려 도망갈세라

다리 사이로 끌어안는다

가까이 오는 손 후려칠 기세로

도르륵거리던 눈망울들

산을 이루던 엿들이 사라졌다

엿집 나서던 까까머리 친구

바지춤으로 엿이 비죽이 나오고

손 안에는 비닐에 싼 엿들이 꽉 차 있던

반백을 만든 삼십 년 세월

술잔에다 추억 한 자락 풀어 놓고 마실 때마다

너도 쌌니? 나도 쌌어

순대콩엿

옷깃을 끌어모으게 하는 겨울 끝자락
E 선생과 세화장을 찾았다

심도 깊은 의미를 찾아다니다
옛날과자란 이름표를 붙인 곳에서 멈췄다

친구 J가 좋아한다며 한 봉다리를 집어든다
과자를 건네주며
이름이라도 알려줄 양으로 묻는데
상인은 모른단다

알고야 말리란 다짐으로 자꾸 피사체에 눈이 간다
심도를 찾고 피사체를 찍는 E 선생의 뒷모습
봉다리가 달랑거리는 게 온몸이 함께 출렁인다

다음 날
낙안읍성을 거니는데 옛날과자가 눈에 들어온다

순대콩엿
너, 엿구나

짝, 맞추기

눈이 붉게 타오른다
멈추지 않는 발걸음

먹이를 찾는 하이에나처럼
내 안의 본능이 속삭인다

절박한 눈빛으로
벽돌을 깨며 찾아내려 혈안이다

수전증까지 생겼다
떨림의 손끝은 길을 찾아 나선다
결코 벗어날 수 없는 짝, 짓기

반복되는 도전과 시련 속에서도
두 손 안의 핸드폰은
붙여 놓은 듯 떨어질 줄 모른다

4부

술잔 속의 하울링

손끝에서 피어나는 언어

농아복지관 문을 열고 들어서면
주먹 쥔 손을 흔들며 인사한다

말없이 스치는 순간이지만
그들의 가슴 깊이 떨리는 숨소리
말없는 외침

조용한 공간 속에서 울리는
소리 없는 노래

목 속에서 메아리치는
마음의 언어
손끝으로
활짝활짝 피어난다

풍선 담기

불편한 육체를 이끌고
서로의 손발이 돼주며 열띤 응원이 펼쳐진다

납작한 풍선이
생기를 띠며 부풀기 시작한다

높다란 장대엔 바구니가 걸리고
풍선을 잡는 손길은
단순한 행위를 넘어선 의미
그것은 무한에 닿는 의지

몸의 한계는 실재하는 벽이 아니다
경계에 드리운 그림자일 뿐

바람에 흩어지는 풍선처럼
그들의 꿈도 자유롭게 날아오른다

11인의 전사

컴퓨터 교실이 열기로 후끈거린다

각자 자리에서 쏟아내는 언어들이 다양하다

쉼, 없는 대화는 누구와의 교감인가

눈에서는 레이저가 발사되고

손가락은 적들을 향한 분노의 놀림들인가

무수한 총알이 난사되고 있다

정의의 사도가 되어

적들을 진압하는 그들의 눈빛은 예리하다

분홍 조끼 입은 노파의 등허리는

아직도 소탕 못 한 적들 때문에

활처럼 휘어 있다

술잔 속의 하울링

검푸른 심해 속을
휘젓던 거구가
식탁에 올랐다

몸뚱이는 어디 두고
큰 머리만 올랐는가

깊숙이 도려낸
참치의 눈알
바다를 가득 담은 채 쳐다본다

흰 도자기 안에
다져 놓은 눈들을 넣고
소주를 넣어 흔든다

눈물이 쏟아지는 소리가 들린다

참치의 눈물이 파도치며

내 안으로 출렁거린다

몽돌해변

운빛이 수면 위를 덮고 있는 한낮
초로의 남자가 수제비를 뜨고 있다

가장 맛있어 보이는 몽돌을 들고
바다를 가늠하며 시위를 날린다
온 신경이 손가락으로 집중된다

던져진 몽돌은 수제비 세 개 뜨고
종적을 감췄지만

자그락거리는 해변의 몽돌 소리가
수제비를 익히는 소리 같다

자전거와 노인

유리막을 사이에 두고 바다를 보고 있다

수많은 언어의 꽃들이 뚫고 지나지 못해

울림만이 부딪치며 메아리 되어 되돌아오고 있다

언어에 휩싸인 나는 언어를 잃고

망연자실 바다를 본다

유리벽 너머 백발노인도

무거운 가슴 부려 놓고 세월을 보내고 있는가

긴 세월 지나온 무거운 몸

끌고 오느라 힘들었는지

자전거조차 비스듬히 기대 있다

일어날 줄 모르는 자전거

노을이 다가와 재촉한다

소녀와 강아지

밤바다 잔잔한 날
소녀와 강아지
일로 와, 웡웡

바다 위에 피어난 어화들
소녀의 눈동자에도 피고

밤바다는
소녀의 심연을 헤아리는데

인도에 그려진 피아노 건반
그 위를 걷는 그녀의 발걸음은
부드럽고 맑아
숨겨졌던 음악이 은밀히 흘러나온다

건반 위로 찍힌 발자국에서

음표가 날리고 있다

탑골공원

정오의 늘어선 줄
햇살마저 흰빛으로 세어 있다

한 끼의 식사가 제공되는 시간
세월의 주름을 안고
무채색의 색깔들이 무표정의 모습을 안고
시간의 흐름을 가늠하고 있다

때가 되지 않았는지
원각사 문은 닫혀 있고
허기진 배를 채우는 냄새만이 휘돌고 있다

무뎌진 눈 속에
알 수 없는 공허가 담겨 있다

바다, 목걸이

손 끝에 쥔 조개껍데기
시간의 흔적이다

빛바랜 표면에 새겨진
무수한 이야기들
바람과 물결이 담겼다

바다의 이야기들
하나하나 모으며 기억을 엮었다

움직일 때마다
바다의 숨결이 귓가에 들린다
고개를 든 내 목
과거 속으로 길게 내민다

타로카페

먹태를 발기발기 찢어 놓고 앉아 있다
몸통 뼈다귀는 밑에 깔아 놓고
바짝 엎드린 모습이라니

위로 올려진 살을 주워 먹는다
먹태의 바다를 향한 부르짖음은 들리지 않고
고소하게 사그락거리는
살점의 냄새만이 입안을 돌아다닌다
들춰 본 발라진 몸은 그리움의 몸짓 같다

왁자하니 떠들썩한데
한구석에서 신엄한 연기가 피어 오른다

카페 여주인과 마주 앉은 중년의 남자
두 눈은 타로카드로 향해 있다

한 공간에 두 세계가 있는 듯
공기의 흐름이 심상찮다
먹태는 오늘도 타로점을 봤는가

하루를 포기하는 모습이다

숨골에 심장이 있는 여자

방콕

혼잡한 인파 속
심장 소리가 뒷목에서 나는 여자가 있다

심장을 세상에 드러낸 채
푸른 눈의 그녀는 고개를 숙이고
심장을 받쳐 드느라 힘든 고갯짓
연신 흐르는 땀방울을 훔치고 있다

얼이 담긴 뒷목의 뚜렷한 심장은
그녀의 고갯짓에 접혔다 펴지곤 한다

상앗빛 얼굴에 깃든 우수의 얼굴

스피커에선 이국의 언어가 흐르고

사와디카*

＊태국어: 안녕하세요.

예래*선사

푸른 모자의 그가 돌아왔다
잔치의 흥을 돋우는 재방문
손에 낀 목장갑이 이색적인
자칭 스타 예래또라이

놀리는 손끝마다
꿈틀거리는 획이 유려하다
온몸에서 발산하는 끼가
머리로 폭발했는지
알 수 없는 언어가 튀어나오고
눈빛에선 광기가 흐른다

축
결혼

필체가 획마다 빛을 뿜는다

재활용이라는 액자 뒷면이
새 인생을 맞는다
신랑 신부의 이름 밑에
끈으로 엮어 맺어 놓는다

천지 만물의 기를 넣은
빨간 면장갑이
포개 논 신랑 신부 손등에
사랑을 덮는다

＊예래: 서귀포시 예래동 지명.

일러스트 원화전
- 율리아 트베리타나 작가의 '전쟁일기'

부끄럽고 슬픈 이야기들
전쟁의 참혹함이 드러난다

마음은 피폐하고 정신은 흩어진 먼지처럼
내면의 깊은 곳까지 침범하며
희망의 씨앗마저 말라간다

말 없이 잃어버린 시간 속에 갇혀 있다
그들의 육체는 파괴된 집처럼 휘어지고
눈빛은 깊은 슬픔과 공포로 얼어붙어 있다

고통을 끝내야 한다는 절규를 담아
세상에 던지는 경고
생명의 존엄성에 대한 영혼의 외침

비통에 잠겨 있는 엄마와

천진하게 밝은 어린 아기의 모습에

가슴을 부여잡고 울어 본다

더듬이

문을 열고 들어선 그곳엔
더듬이가 달린 아이들이
색색의 색깔을 가지고 그림을 그리고 있다

우주의 신호를 받고 그린 그림엔
바다에 해가 있다
붉은 해가
나룻배를 끌고 고기를 잡으러 나간다
커다란 새가 날갯짓하며 땀을 식혀 주고
돌고래가 길 안내를 하는 푸른 물속

소통에 목마른 어른이
더듬이를 그려 붙이고 있다
아이들 눈을 보며 간절하게 소원해 보지만

피가 흐르지 않는 더듬이는

바스락거리며 부서져 버린다

보이지 않은 언어가

물결처럼 떠다니며 파고든다

사람은 많으나 들리지 않는 것은

외계인의 주파수에 맞춰져 있기 때문

끼 끼 끼 하는 소리도 들린다

동족을 부르는 그들의 소리

우주의 그림이 되어 귓속으로 번져 온다

해지게 카페에서

  겨울비를 실은 애월바다를 본다
  옥빛의 바다는 숨었다가 나타나고 웅성거림이 떠다니고 있다
  달려오듯 흰 포말은 뭍에 다다르기 전에 흐트러진다
  햇살 사이 반짝이는 것은 포말의 영혼인가
  가야금 현이 심장을 두들긴다
  커피의 쌉싸름함이 목젖을 타고 내릴 때
  한오백년의 구성진 가락이 구불거리며 함께 나린다
  치아바타와 커피 그리고 한오백년
  누가 성화를 부리는가
  애꿎게 치아바타만 칼로 베어낸다
  커피향이 명치끝을 파고들며
  쓰디쓰게 저며 든다

해설

빗줄기 같은 삶의 선율

양전형

시인

〈해설〉

빗줄기 같은 삶의 선율

양전형

시인

 다양한 삶 속에서 구체적인 묘사와 생생한 이미지를 그려내어 시적 화자의 고민과 갈등이 독자들에게 감정적 공감으로 유발될 수 있도록 하는 것도 시 쓰기 방법의 하나일 것이다. 조선희 시인의 시를 읽노라면 이 같은 방법으로 자신의 삶 속에서 겪어온 보편적 일상, 갑자기 낙쳐드는 불행으로 인한 절망과 좌절, 그리고 모든 걸 극복하고 나서 회복의 마무리에 올인하는 동시에, 다시 본연의 자세로 돌아와 시를 쓰면서 평범한 일상에 적응하고 있음을 알 수 있다.
 조 시인의 작품에 들어있는 경험과 다양한 인식의 행간들을 몰입하여 읽어보면, 순탄하기만 한 삶의 여정이 결코 아니었음을 진하게 느낄 수 있다.

1. 가족 사랑

함께 있지 못해도 / 품으며 손잡지 못해도 / 마음은 배달이 된다 // 어느 날 배달된 작은 선물 / 딸이 만든 바스크치즈 // 부재중인 나를 위해 조심스레 넣어둔 / 냉장고 한 켠에 보관된 마음 // 담긴 사랑 / 한 조각씩 입에 넣으며 / 내가 누구인지를 알아낸다

- 시, 「마음 배달」 전문

이름 없는 하루들이 쌓여 / 내 삶 속에 자리 잡은 작은 우주 // 행복을 이루는 조각들이 / 그녀의 통장에 차곡히 쌓이고 있다 // 어머니의 사랑 / 빈 병의 소망 / 아이들의 꿈들이 모여 / 나를 웃게 한다 // 빈칸들이 채워질수록 / 그림자처럼 따라오는 기대 // 작은 불빛이 되어 나를 위로하고 / 내딛는 걸음에 힘이 실린다

- 시, 「행복통장」 전문

조 시인의 보편적 일상은 가족 사랑에 있고 효심도 가득하다. 선택할 수 없는 것이 부모와 자식이고 그 갈래의 관계에서 각각이 모여들어 하나로 함께 묶여 존재하게 되는 가장 큰 뿌리이자 자원이 그 가족

이다. 그 관계의 힘은 이 세상 어떤 조직보다 끈끈하고 가치가 있고 피를 나눈 분신들이며 효^{孝}나 부부일체^{夫婦一體} 등 동양사상에서 기본적 자기성찰의 출발점일 수도 있고 마음의 중심에 항상 뚜렷하게 박혀 있는 관계인 것이다.

    시인의 깊은 의식 속 품에 살면서도 잠시 떨어져 있는 딸이 정성으로 직접 만들어 보내주는 가볍고 작은 바스크치즈. 비록 물건으로 보내졌지만 화자는 마음의 배달임을 확인하며 가족의 의미를 강조하는 작품 「마음 배달」과, 가족 모두의 공감을 바탕으로 한 시 「행복통장」은 이 시대 가족의 묶임과 행복을 형상화한다. '어머니의 사랑, 빈 병의 소망, 아이들의 꿈들이 모여' 아직 이루어지지 않았지만 미래의 소망에 대한 기대와 위로와 자신감을 높고 단단하게 쌓아가고 있다. '행복을 이루는 조각들이 / 그녀의 통장에 차곡히 쌓이고 있다'처럼, 시인이 가족이라는 구성체 속에서 희망과 사랑을 노래하는 작품이다.

    아래의 시 「부부」는, '치매로 헤매이던 어머니를 찾아온 후 / 어머니의 공허 속으로 / 아버지가 늘 들어가신다'라며 화자는 부모의 노년생활을 그림처럼 그려낸다. 인간의 정신세계에 들어있는 망각, 정성, 즐거움, 슬픔 따위를 내포한 행간의 어휘들이 반복하여 인간을 느끼게 하며 가장 본받아야 할 부부의 표상을 은유한다.

　가볍게 쓴 시 같지만 읽는 중간중간 웃어야 할지 울어야 할지 망설여지는 작품이다. 화자는 아픔과 슬픔을 오가면서도 흐뭇하고 기쁜 마음을 드러낸다.

　화자는 일생을 함께 살아온 어머니와 아버지를 누구보다 잘 알고 있을 터이다. 두 어른이 서로 의지하며 산 생의 마지막 풍경을 만화처럼 그려내지만 독자들에게 은은殷殷한 감정을 건네주는 작품이기도 하다.

> 아버지의 앞니가 빠졌다 / 어머니를 마주 앉혀 놓으시고 / 자꾸 장난을 치신다 // 혓바닥을 빠진 이 사이로 디밀어 내미는 모습이 / 익살스러운 광대 / 고개를 갸웃하시던 어머니 / 함박만 하게 웃으신다 // 치매로 헤매이던 어머니를 찾아온 후 / 어머니의 공허 속으로 / 아버지가 늘 들어가신다 / 어머니는 아랫니가 빠져 / 틀니로 채우셨는데 / 아버지는 아직도 혀로 채우신다 / 어머니는 그걸 자꾸 바라보며 / 뭔가 채워진 듯 슬며시 웃으신다 // 부부는 / 빈 곳을 채워줘야 하는가 보다
>
> 　　　　　　　　　　　　　　- 시,「부부」전문

「부부」의 시 각 행을 이미지화하여 여러 컷으로 전시했으면 더 의미 있는 감상이 될 것이라는 생각이 들기도 하면서 이 시를 다시 뜯어본다.

치매에 걸리신 어머니를 아버지가 정성을 다해 요양하신다. 아버지의 익살에 어린아이처럼 마냥 즐거워하시는 어머니. 시인은 아버지의 익살을 미리 알고 있다. 또한 어머니는 텅 빈 의식 속에서도 재밌다는 마음이 돋아나며 함지박처럼 웃는다. 순간이나마 재롱부리는 남편을 바라보며 행복하지 않겠는가.

그러나 바로 익히는 상황이야 재밌다 하겠지만 그 이면의 정서는 참 슬프다. 깊은 인지를 못 하는 중병인 치매 어머니의 공허 속에서 억지로 웃음을 끌어내려는 아버지와 가족들의 가슴은 얼마나 아플 것인가. 일련의 시의 행간을 느껴보면, 이 시는 '부부' 관계에서 크게 본받아야 힐 표상임을 알 수 있다.

> 햇살 가득 담아 향내 차 물오른 / 달큰하게 익은 복숭아를 품고 / 온몸 온통 도화향으로 / 친정집엘 간다 // 얼굴 가득 미소 짓고 / 문을 열어 본 풍경 / 이른 저녁을 드시는가 보다 // 아버지의 손이 / 어머님 허연 머리 귀밑으로 / 쟁여 놓고 / 젓가락으로 / 어머님 숟가락에 / 두부조림 얹으신다 / 치매가 있으

신 어머니는 / 밥과 국만 친근하신가 보다 // 음식을 씹으며 딸가닥딸가닥 소리 / 삼켜지지 않은 속울음이 / 이 사이에 걸린 모양이다

- 시, 「틀니의 속울음」 전문

또 하나의 그림이다. '밥을 먹는 데에 걸리적거리지 않도록 아버지의 손이 어머님 허연 머리 쓸어넘기고' '젓가락으로 어머님 숟가락에 얹혀지는 사물인 조림두부'가 참으로 정겹지만, 여기에서도 또한 이면에 슬픔을 장치한다. 나이 듦에 따른 몸의 퇴화, 몸 어느 구석인들 그 기능이 정상이랴만 기본적인 삶(먹는 일)의 불편함이 '속울음으로 삼켜지지 않고 이 사이에 걸린 모양'이라고 아픔을 형상화한다.

빛바랜 진주반지를 끼고 / 베르사유 장미가 수놓아진 지갑을 꺼낸다 / (중략) / 차비 주신다며 꺼내 주신 천원 지폐가 / 만원으로 변신한다 / (중략) / 꽤 큰 액수의 돈을 용돈으로 주신 어머니 / 만족스런 웃음이 입꼬리에 달렸다 // 울컥 치받치는 목울음 / 거죽 같은 손등만 닳도록 만져 본다 // 젖은 울음 감추며 나서는데 / 나, / 차비 주어냐 / 하신다

- 시, 「엄마는 마법사」 중에서

이것이 어머니이다. 비록 치매에 걸려 분명한 의식을 갖고 있지 않더라도 순간적으로 깨어나는 모정, 오랜만에 찾아온 딸의 귀갓길에 한푼 차비라도 보태주고 싶은 마음이 갑자기 솟구쳤다. 치매에 걸리셔도 만원이 더 큰 것을 알기에 지갑에서 나오는 순간 변신하는 천원짜리 지폐. 화자는 울컥하는 마음에 그 어머니의 손등만 오래 만지작거리다 돌아서는데, 이내 잊어버리고 하는 어머니의 말, '나, 차비 주어냐?'.

2. 아픔의 흔적

몸의 아픔을 견디며 살아가는 힘듦은 누구라도 감지할 수 있다. 아픈 본인만큼 그 고통을 느끼지야 못하겠지만 아프다는 건 정말 안타까운 일이다. 아프지 않은 인생을 살다가 편안하게 생을 끝낼 수 있었으면 하는 게 모든 사람들이 바라는 마음일 것이다.

아픔의 후유증을 경계하며 살아가고 있는 조선희 시인.

지독한 아픔으로 겪는 상실의 무게와 고통의 시간들이 점철된 기억들, 피부로 만져질 만큼한 아픔의 묘사도 가미되었지만 그 상황들을 자신만의 고요한 언어로 길어올리는 시 또한 아프다.

> 수북하니 병을 쌓아 놓았다 / 구석에 자리 잡은 병 // 무더기로 쌓아놓은 색색의 병들 / 시간 속에 뿌연 먼지가 앉았다 // 병, / 팔러 간다
>
> - 시, 「병, 팔러 간다」 전문

다의어로 쓰이는 '병'이라는 낱말을 이용하여 자신이 앓고 있는 병과 재사용을 위해 모아놓은 병을 병치시킨 것이다. 팔 수 있는 병이라면 얼마나 좋을까. 자신의 몸 구석에 버티어 있는 아픔의 후유증에서 하루빨리 벗어나고픈 의지의 소산이며 넋두리이기도 하고, 인내의 힘으로 에둘러 말하는 화자의 진심이 감춰진 이 짧은 시 하나로도 조 시인의 심정에 깊은 공감을 느낄 수 있다.

아픈 사람은 외롭게 된다. 아프지 않은 사람들과 생활하노라면 자신만의 '다름'으로 인해 외로움을 느끼게 되는 것이다. 그렇게 공동생활 속에서 외로움과 고통을 품고 공존 속 한 사람으로 살아가야 하기에, 순간순간 교차되는 수많은 감정의 기복들을 다 이겨내야 하는 것 또한 몸의 병에 못지않게 힘든 일일 것이다.

조 시인의 시를 읽노라면 그 아픔들을 직접 느낄 수 있고 그 아픔을 시로 승화시키며 버텨 온 모습이 눈에 선하게 다가오는 듯하다. 그래도 시인은 포기하지 않는 삶의 간절함을 품고 완치를 위한 '고백과 희망'의 언어들을 풀어놓아 독자들로 하여금 안타까움을 느끼게도 하지만 조 시인은 자신의 운명을 차분히 받아들이며 본연의 명랑함과 친근성을 앞세워 일상을 살아가려 노력한다.

> 차가운 병실 창가에 앉아 / 기적을 기다리며 희망의 끈을 놓지 않았다 // 험난한 과정이지만 내 안에 피어난 기적 / 몸속에 흐르는 시간은 무거운 무게 / 단순한 생명의 전달이 아닌 / 무한한 감사와 함께하는 숙명의 수레바퀴 // 그의 삶과 희망이 내 몸속으로 흘러 들어온 것 / 내 영혼에 새겨지고 다른 이의 삶이 내게 깃드는 것 // 영혼의 징검다리 놓였다 / 붉은 피 뿜으며 길이 열리고 숨소리 담아 내게 건넨다 / 너를 건네주고 닫힌 길 손으로 가만 쓸어 본다
>
> — 시, 「신장이식」 전문

차가운 병실 창가에 앉아 기적을 바라며 희망의 끈을 꼭 쥔 심정이 어땠을까 생각만 해 봐도 안타까

워지지만, 그래도 결국 성공적으로 끝난 신장이식으로 생명의 끈을 부여잡은 시인은 그 기적의 과정이 힘들었지만 정말 꿈만 같다. '영혼의 징검다리 놓였다. 붉은 피 뿜으며 길이 열리고'처럼 자신에게 계속 이어지는 시간에 무한한 감사를 드린다.

  살다 보면 마음의 아픔이나 몸의 아픔을 어쩔 수 없이 만나는 상황이 올 수 있다. 그리고 그 아픔의 체험이 삶에 큰 힘이 될 수도 있다. 조 시인의 작품 속 행간에는 그러한 경과들이 읽히며 그 체험의 힘이 그녀를 평범한 일상 속에 버틸 수 있도록 도움이 되기도 하는 것이다.

  아픔은 절대적인 것이 아닌 상대적인 것으로 비유할 수도 있다. 너무 큰 아픔을 겪고 난 사람은 그 후의 삶에서 오는 작은 아픔들은 비교적 담담하게 맞을 수도 있을 게 아닌가.

> 갑작스런 어둠이 / 온몸을 휘감으며 심장을 조여 온다 / 숨이 막히는 공포 // 창문을 열고 찬바람을 느껴보지만 / 나를 잠시 멈추게 할 뿐 / 나락으로 떨어질 것만 같은 공포 // 기도가 열리지 않은 듯 여전한 어둠 / 간절한 염원으로 옅게 올라오고 있는 / 여명의 빛을 잡아 보려 하지만 // 손바닥은 진땀으로 젖

고 / 온몸은 무너져 내리려 한다 / 열려 있으나 닫혀 있는 의식의 공간 // 육체를 지배하는 무거운 그림자 / 영혼의 혼돈에서 피어난 허상 // 두려움이 다시 떠오를 때면 / 흔들림 속으로 빠지지만 / 내 마음 깊은 곳을 들여다보며 // 숨, / 을 찾아 나선다

— 시, 「공황장애」 전문

아픈 몸으로 혼자 있을 때 어떤 생각이 들까. 미지의 세계에 버려진 듯한 느낌, 예측불허의 미래, 여러 가지 상념에 빠지면서 혼돈과 우울과 권태 따위가 아우러지며 정신세계가 나락으로 떨어지는 듯한 느낌일 게다.

갑작스레 몰려드는 불안감이 시인의 심상을 휘젓는다. 숨이 막힌다. '손바닥은 진땀으로 젖고 / 온몸은 무너져 내리려 한다 / 열려 있으나 닫혀 있는 의식의 공간', 호흡곤란과 어지럼증이 전신을 조여들고 온몸의 감각이 굳어진 듯한 느낌.

시인은 어느 날, 모든 현실감이 사라지며 자아를 잃고 자신 본인이 아닌 것 같은 이인감離人感에 빠져든다. 생각들이 멈춰버리고 죽을 것 같은, 어쩌면 죽어 있는 것 같은 자아에 함몰돼 있다. 그러나 기어이 그걸 이겨내야 한다는 자신을 찾아내며 그 순간을 극

복하고 '숨, / 을 찾아 나선다'.

> 정시에 출발하는 열차처럼 / 큼지막하게 요일이 써 있는 객차가 달려 있다 // 손님은 하루에 먹어야 할 약 / 나는 약통을 열고 여행을 시작한다 // 잃어버릴까 두려워 일주일의 시간 속에 담아둔 약 / 내 몸과 영혼을 연결하는 다리 // 내 삶의 무게를 견디게 하고 / 새로운 하루를 다시 맞이하게 만든다 / 하루의 문을 열 때마다 간절한 마음으로 출발한다 // 약을 싣고 가는 기차는 시간 속을 달린다 / 하루가 지날 때마다 / 밥통 속의 밥이 없어지듯 한 통씩 비어 간다 // 매일 이어지는 반복 / 일주일의 시간이 지나면 다시 여행을 준비한다 // 내 일상의 선로 위를 달리며 / 시간의 무심함을 받아들인다
>
> — 시, 「**시간 속을 달리는 기차**」 전문

생명은 시간이다. 살아 있는 누구나 시간과 만나며 산다. 시간에서 벗어난다는 것은 생生에서 벗어난 것과 다름없다. 시간을 이어가기 위해 약을 챙기고 인생 여행을 계속한다는 것. 조 시인은 밥을 주어야 움직이는 시계처럼 멈추지 않는 시간이 되고 싶은 것이다. '잃어버릴까 두려워 일주일의 시간 속에 담아

둔 약, 내 몸과 영혼을 연결하는 다리', '약을 싣고 가는 기차는 시간 속을 달린다. 하루가 지날 때마다, 밥통 속의 밥이 없어지듯 한 통씩 비어간다'. 시인은 생명을 이어주는 그 다리를 부여잡고 생生의 기차를 타서 침묵으로 무심하기만 한 시간을 용서하며 품는다.

> 무릎이 분홍빛이다 / 찾았다 요산이라는 독이다 / 콩팥이 막혀 가시를 만들었다 / 기억나지 않는 어린 시절부터 / 몸 한 부분이 돼버린 바람가시다
>
> - 시, 「바람가시」 중에서

> 하루가 시작된다 / 신발을 신으려고 굽어 보니 / 가지런히 놓여 있던 신발은 제각각 // 누군가 건드렸나 보다 / 의도치 않은 바쁜 걸음에 / 흐트러져 버린 신발
>
> - 시, 「신발」 중에서

시, 「바람가시」는 화자의 아픔의 역사를 엿보게 한다. 바람만 맞아도, 바늘로 찌르는 듯한 바람가시라 일컬어지는 통풍의 고통을 말함이다. 화자가 오래전부터 바람가시에 찔리며 살아왔다는 고백이며, 가시가 빠지지 않아 무너져 내려왔던 심신의 고통을

진술한다.

시, 「신발」은 삶의 균형이 흐트러지는 일상을 은유한다. 정상적인 심신으로 하루를 시작하고 싶은데 막상 신발에다 발을 넣으려니 신발이 각각 흩어져 있다. 하루를 시작하는 시인의 마음의 균형이 시작부터 흔들린다. '누군가'라는 병마가 운명처럼 다가와, '균형이 안 잡히는 심신'→'흐트러진 신발'처럼 만들어 놨다며 상황을 치환시킨 작품이다.

3. 다시 일상과 손잡고

> 바람은 연주자의 숨결이 되고 / 비는 선율의 한 줄기 / 시간의 속삭임과 바람의 숨결이 만난다 / (중략) / 숨겨진 이야기들은 바람과 함께 흩어지고 / 내 영혼은 조용히 떠오르는 울림을 만난다 / (중략) / 따라비오름의 노래에 / 귀 기울이며 / 간만에 / 가슴이 촉촉하고 상끗한 날
>
> — 「**따라비오름의 노래**」 중에서

조 시인은 이제 일상생활에 큰 지장이 없이 살아가고 있다. 정해진 시간에 서울 쪽에 검진을 다녀오

곤 하지만, 너스레를 떨며 유쾌하게 어울리기를 좋아하는 타고난 성격의 위치로 돌아와 일상에 적응하는 삶을 살아간다.

> 태양이 한가운데 걸려 있는 오후 / 높은 옥타브의 락을 틀어놓고 / 해드뱅뱅을 돌려라 // 몸이 뜨겁게 달아오르고 / 솟구치는 열정이 폭발한다 // 머리를 흔들 때마다 / 머리카락을 타고 / 삶의 무게가 튕겨져 나간다 // 한계에 맞서는 초월의 몸부림 / 절여져 짓눌러졌던 회한이 / 고독의 입에서 뿜어져 나온다
> - 시,「해드뱅뱅」 전문

시인은 쌓여 있는 스트레스를 풀고 싶다. 한낮인데도 락을 틀어놓고 머리를 빙빙 돌리며 혼자만의 세계를 만끽한다. 그것은 아픔과 소외, 생사마저 막연하던 감정 따위를 시적 알레고리를 통해 털어내고 있는 것 같다. 삶에 대한 열정이 솟구쳐오르고 심상에서 파생되는 무거웠던 삶들이 머리카락을 통해 달아난다.

> 싸락눈이 흩날리는 / 차가운 저녁 / 귓불까지 빨개진 얼굴로 / 찾은 치킨집 // 메뉴를 고르다 / 경직된

근육을 풀어 준 / 크크크치킨 // 뜨끈 바삭한 그 속 / 언젠가 함께 했던 사람 / 포근한 기억 / 삶을 위로 하는 따뜻함 / 추위로 떨던 입술이 / 연홍색으로 물든다

- 시, 「크크크치킨」 전문

ㅋㅋㅋ 웃긴다. ㅋㅋㅋ치킨이라니. 음식 제목을 웃음으로 맞이하려고 붙여놓은 것 같다. 하지만 남다르게 바삭한 맛 식감 깡패란다. 튀김만으로는 맛이 별로지만 여러 가지 소스 중 골라서 찍어먹는 맛이란다. 60계 치킨이라고, 우리나라 치킨 프랜차이즈 브랜드로 한 번도 사용하지 않은 기름에 하루에 한 번씩 60마리만 튀긴다는 치킨으로, '파삭파삭 부수며 먹는다'는 뜻을 내포한 영문단어 crumble(크럼블), crunch(크런치), crispy(크리스티)를 모은 이름이란다.

살다 보면 제 입에 정말 맛있는 음식을 만날 수 있는 것. 시인이 평범한 일상 속에서 즐거움과 웃음을 찾아다니는 모습을 엿볼 수 있다.

한낮의 공기놀이는 달콤하다 / 코끝으로 스멀스멀 들어오는 유혹 / 얼른 입속으로 넣고픈 배고픔에 전

절규 / (중략) / 엿집 나서던 까까머리 친구 / 바지춤으로 엿이 비죽이 나오고 / 손 안에는 비닐에 싼 엿들이 꽉 차 있던 // 반백을 만든 삼십 년 세월 / 술잔에다 추억 한 자락 풀어놓고 마실 때마다 // 너도 쌌니? 나도 쌌어

- 시, 「너도 쌌니? 나도 쌌어」 중에서

제목을 보는 순간, 에로티시즘을 풀어놓은 것 같았다. 어긋난 상상을 떠올린 필자가 그렇게 생겨 먹었나 하는 생각에 이 시 속 구성 사물들에게 미안한 생각이 들었다. 어린아이들의 손을 빌려 엿을 포장한 후 수고비로 받은 엿을 가지고 나오면서 나누는 순수한 마음을 표현한 대화이다. 언어유희를 통해 재미를 느끼는 오랜 친구와의 추억을 말하고 있다.

검푸른 심해 속을 / 휘젓던 거구가 / 식탁에 올랐다 // 몸뚱이는 어디 두고 / 큰 머리만 올랐는가 // 깊숙이 도려낸 / 참치의 눈알 / 바다를 가득 담은 채 쳐다본다 // 흰 도자기 안에 / 다져 놓은 눈들을 넣고 / 소주를 넣어 흔든다 // 눈물이 쏟아지는 소리가 들린다 / 참치의 눈물이 파도치며 / 내 안으로 출렁거린다

- 시, 「술잔 속의 하울링」 전문

시인은 맛있게 음식을 먹어야 할 자리에서 갑자기 존재론적 의식에 빠진다. 요리되어 식탁에 올라온 참치의 존재와 그것을 먹으려는 자신이라는 존재가 똑같이 황량해지며 슬퍼진다. 시인들은 이렇게 순간적인 감성에 의해 센티멘탈리즘에 빠지기도 한다. 자신과 식탁 위 사물의 눈빛이 마주친 순간, 서로의 슬픔으로 승화되어 눈물이 뒤섞인다.

> 밥상을 앞에 놓고 / 귀밑머리 허연 아내가 말한다 / 영감, 노래 한곡 불러 주쇼 / 머리에 하얀 서리 앉은 남편이 / 주름살 깊은 아내를 보며 / 그러게, 죽으면 못 들으니께 // 남편이 노래한다 / 하나밖에 없는 그대를 보며 / 이 세상을 떠나도 / 영원한 등불로 남는 인생이려오 / 애절한 트롯곡이다 // 주먹손 마이크를 쥔 / 약손가락 상처에 감긴 노란 대일밴드 / 신혼의 반지보다 더 빛난다
>
> - 시, 「인생」 전문

맞다. 이 시 「인생」은 누구에게나 고개를 끄덕이게 하며 아름답게 들리는 노래이다. 시인의 사념에 깊이 박혀 있는 의식의 표출이라고 보며 시인의 심성을 가늠케 한다.

조선희 시인은 2006년도부터 한라산문학동인으로 활동하며 시 공부를 해왔다. 2009년에 덮쳐든 아픔으로 인해 생과 사를 오가는 고통을 견디며 이겨내고 다시 차분한 마음으로 시^{詩}에 귀의^{歸依}하여 '일상에서 눈에 보이거나 상념에 떠오르는 모든 사물들을 자기의 세계로 끌어들여 자신의 성찰과 감성에 이입시키며 시로 형상화하는 작업'으로 2022년도 시 전문 계간지 《시인정신》으로 등단했다.

시인의 첫 시집 『숨길』 출판을 진심으로 축하드린다. 새로운 삶이라는 희망을 가지면 새잎이 돋아나고 묵은 잎은 떨어지는 법. 설령 꽃샘추위 칼바람에 상처나고 떨어져도 초목은 다시 새잎을 밀어올리는 것이다.

하늘처럼 넓고 편하게 마음을 풀어놓으며 살아갔으면 한나. 이따금 먹구름에 가려지거나 오밤중 막막한 어둠에 갇혀 침묵과 암담함에 휘말렸다가도, 모든 것은 순간일 뿐 지나가게 마련이고 하늘은 다시 푸르러지리니.

숨길

2025년 10월 31일 초판 1쇄 발행

지은이　조선희
펴낸이　김영훈
편집인　김지희
디자인　김영훈
편집부　이은아, 부건영
펴낸곳　한그루
　　　　출판등록 제651-2008-000003호
　　　　제주특별자치도 제주시 복지로1길 21
　　　　전화 064 723 7580　전송 064 753 7580
　　　　전자우편 onetreebook@daum.net　누리방 onetreebook.com

ISBN 979-11-6867-244-4 (03810)

ⓒ 조선희, 2025

저작권법에 따라 보호를 받는 저작물입니다.
어떤 형태로든 저자 허락과 출판사 동의 없이 무단 전재와 복제를 금합니다.
잘못된 책은 구입하신 곳에서 교환해 드립니다.

이 책은 제주특별자치도와 제주문화예술재단의
2025년 제주문화예술재단 기인시업 후원을 받아 발간되었습니다.

값 10,000원